मनसीरत

सुखविंद्र सिंह मनसीरत

Made with ♥ on the Notion Press Platform
www.notionpress.com

मैं यह किताब अपनी बेटी मनसीरत को समर्पित कर रहा हूं।
4 जुलाई - मेरे जीवन का बहुत खास दिन

4 जुलाई मेरी जिंदगी का बहुत खास दिन है क्योंकि

4 जुलाई को मेरी बेटी मनसीरत का जन्म हुआ है।

बिटिया रानी मनसीरत को अवतरण दिवस की

हार्दिक बधाई

क्रम-सूची

क्रम-सूची

क्रम-सूची

क्रम-सूची

क्रम-सूची

1

धीर धरो प्रभु विचलित मन में,
आग लगी चितवन तन-मन में।
माया ठगनी है ठगती जाए,
कोई नहीं मेरी पेश आए,
ध्यान हटे न एक पल धन में।
धीर धरो प्रभु विचलित मन में।
पैसा तो जग में बहुत कमाया,
जीवन का है सुख-चैन गवाया,
लोभ समाया है कण-कण में।
धीर धरो प्रभु विचलित मन में।
वक्त का घोड़ा भागता जाए,
दौड़ में पीछे छोड़ता जाए,
चेतना सोई है तन-बदन में।
धीर धरो प्रभु विचलित मन में।
जीवन मे छाया है अंधेरा,
जगत में नहीं कुछ तेरा - मेरा,
सेंध लगी है निश्चित प्रण में।
धीर धरो प्रभु विचलित मन में।
रिश्ते - नाते गहरे भंवर है,
सभी के कंठ मे भरा जहर है,
अब जाएं कौन से वतन में।

धीर धरो प्रभु विचलित मन में।
प्रीत पराई नहीं हाथ में आई,
जन-जन में है देखी रुसवाई,
चित नही लगता है भजन में।
धीर धरो प्रभु विचलित मन में।
मनसीरत मंझदार फंसा है,
बीच अंदर तक खूब धंसा है,
भाग कैसे इस जीवन रण में,
धीर धरो प्रभु विचलित मन में।
धीर धरो प्रभु विचलित मन में।
आग लगी चितवन तन-मन में।

2

दहेज - प्रथा बुरी बहुत बुराई है।
सुन कर सूखी आँखें भर आईं हैं।
सुबह से देर रात अथक काम करे,
दो पल भी बैठ न कभी विराम करे,
होती कभी कहीं नहीं बड़ाई है।
सुन कर सुखी आँखे भर आईं हैं।
बाबुल की बिटिया रानी प्यारी है,
बहन - भाइयों की बड़ी दुलारी है,
माँ नम आँखों से देती विदाई है।
सुन कर सूखी आँखे भर आईं हैं।
आग की तेज लपटों में जल जाती,,
किसी की बहू-बेटी बलि चढ जाती,
दहेज लोभ की भूख न मिट पाई है।
सुन कर सुखी आँखें भर आईं हैं।
सास भी कभी बहु थी है रोकती,
छोटी - छोटी बात पर है टोकती,
लालच वश बहु सूली चढ़ाई है।
सुन कर सूखी आँखे भर आईं है।
मायके का घर आंगन छोड़ आई,
ससुराल सदा समझे बहु पराई,
दहेज में पूछे बहु क्या लाई है।

सुन कर सूखी आँखें भर आईं है।
मनसीरत ने तन - मन वार दिया,
मुंह मांगा महंगा सामान दिया,
फिर भी दहेज की भेंट चढ़ाई है।
सुन कर सूखी आँखें भर आईं हैं।
दहेज - प्रथा बुरी बहुत बुराई है।
सुन कर सूखी आँखें भर आईं हैं।

3

डूबते को तिनके का सहारा है,
आखिरी पल पर मिलता किनारा है।
भागता वो आता आ रहा अब भी,
जो सदा ही बरसों से हमारा है।
आज भी आंखों में घूमती सूरत,
वो शख़्स तो आँखों का दुलारा है।
आज भी हाजिर हैं हम सनम मेरे,
आपके बिन तो हम बेसहारा है।
यार मनसीरत है बांवरा आशिक,
हर पहर तेरे आँचल गुजारा है।

4

आज आया तीज का त्यौहार है।
खेत फसलों से भरे गल्हार हैं।
औरतें सारी झुलाती चाव से,
झूलती झूले लगा शृंगार है।
हाथ पर है रंग प्यारा ही चढ़ा,
मेंहदी ने खूब दिखाया प्यार है।
हो क़रीबी साथ में मन गम भरा,
गमज़दा का हौसला उपकार है।
मन जहर से है भरा हम देखते,
अब पकड़ ली हाथ में तलवार है।
भीख मांगेंगे ख़ुदा से हम सदा,
द्वेष का खात्मा सुखी घर बार है।
नफरतों का फांसला कैसे भरूँ,
लूटता हर रोज बन कर यार है।
यार मनसीरत बधाई तीज की,
साथ झूलेंगे यहीं संसार है।

5

आप बिन हमको कहीं भाता नहीं

आप बिन हमको कहीं भाता नहीं,
डोलता मन सांस खुल आता नहीं।
छोड़ कर नग़मे तराने प्रार्थना,
गीत - गजलें भी कभी गाता नहीं।
खोलता मेरा लहू काबू नहीं,
क्रोध सीने में भरा जाता नहीं।
भुखमरी में है मरे अपने बहुत,
शेष खाने को बहुत खाता नही।
छा रहे बादल घटा घन घोर है,
हो रही बारिश मिले छाता नही।
चाँद - तारे हार मनसीरत यहीं,
तोड़ कर कोई कभी लाता नही।

6

कमल-जन्मदिवस

सुन्दर मनोहर रूप पाया,
मनभावन मनमोहक काया,
कमल रूपी पुष्प कमल है,
जन्मदिन मनोरम है आया।
चाल मस्त गजानन्द जैसी,
नाज-नखरीली है पैदाइशी,
सरल सरस् स्वभाव पाया।
जन्मदिन मनोरम है आया।
परियों सी वो है शहज़ादी,
हुस्न-ए-मल्लिका वो सादी,
मधुरिम प्रेम अपार समाया।
जन्मदिन मनोरम है आया।
घर आई वो लक्ष्मी बनकर,
धन माया है बरसे घर पर,
प्रेम-प्रकाश बहुत फैलाया।
जन्मदिन मनोरम है आया।
माँ-बापू की सुता लाडली,
बहनों की है प्यारी दुलारी,
ग़ज़ल-गीत नगमा है गाया।

जन्मदिन मनोरम है आया।
जन्मदिन की बहुत बधाई,
कुदरत सोहणी मूर्त बनाई,
खुशियों का अंबर छाया।
जन्मदिन मनोरम है आया।
मनसीरत की है माँ जननी,
सुखविंद्र की जीवनसंगिनी,
जन्मदिन हर्षित हो मनाया।
जन्मदिन मनोरम है आया।

7

रक्षाबंधन

रेशम के धागे में प्यार है,
भाई - बहनों का सरदार है।
सूनी बाँहें राहें देखती,
राखी का आया त्योहार है।
भ्राता बहना का सम्मान करे,
रक्षाबंधन का यह सार है।
कच्ची डोरी से रहता बांधता,
जोड़े रखता सब परिवार है।
खुशियों मौजों से भरपूर हो,
मनसीरत प्यारा संसार है।

8

प्रभु जी बसते सांस में

प्रभु जी आओ तो कभी वास में,
प्रभु जी हम बैठें इसी आस में।
प्यासी अखियाँ हैं डगर देखती,
प्रभु जी तुम हो तो यहीं पास में।
दुनिया खोजी तुम मिले नहीं हो,
प्रभु जी बसते हो सदा सांस में।
तुम बिन लागे ये जगत लापता,
प्रभु जी क्या गलती दिखे दास में।
जन गण मन चाहे दया आप की,
प्रभु जी रखिये तो हमे खास में।
कोई ना दिखता सखा आप सा,
प्रभु जी बिखरे हम इक्के ताश में।
मनसीरत हारा विश्व ढूंढता,
प्रभु जी हो वासक दिखो यास में।

९

प्यार में बहुत कुछ खोया है

प्यार में बहुत कुछ खोया है,
दिल बहुत दिनों तक रोया है।
बोझ ज़िंदगी का यारों सारा,
भार बाजुओं पर ही ढोया है।
झोंक कर ज़माने की ताकत,
बांध कर कफ़न वो रोया है।
देख ली बड़ी दुनियादारी,
भोगता वही जो बोया है।
इस क़दर कढा है मनसीरत,
पाप को पुण्य ने धोया है।

10

मिसरी सी मीठी प्यारी बातें

मिसरी सी मीठी हैं प्यारी बातें,
खुद ही खुद से तो हैं हारी बातें।
यादों की बस्ती में बसती सांसें,
सारे जग से तेरी न्यारी बातें।
भर जाता कोना-कोना आँसू से,
रंजोगम से होती भारी बातें।
मोहब्बतें भरती हैं खालीपन को,
दिलबर नज़दीकी हैं सारी बातें।
मनसीरत टूटे दिल की व्यथा है,
दुखदायी होती हैं खारी बातें।

11

ख़ुदा की रहमत

ख़ुदा की रहमत से ही नैया पार है,
दया दृष्टि से ही फलता संसार है।
न कोई गम का झोंका छू ही सके,
रज़ा तेरी में रहने को तैयार हैं।
दुआ तेरी से खिलतें हम फूल से,
नज़र तेरी का ही पहरा दरबार है।
फिजा तेरी में भर पाएं हर डगर
गले मे पहना तेरा ही गलहार है।
उधारी सांसों से मनसीरत है जिये,
सुबह उठते ही हो तेरा दीदार है।

12

जरा आंखें चुरा मत

सुनो बात मन की सदा वो बता मत,
कदम जो बढ़े सामने तो हटा मत।
निशानी मिले जो कभी प्यार की जो,
नज़र प्रेम की है जरा आँखें चुरा मत।
ख़ता का सिला भी हमें ही मिला है,
खफा हो दफा भी हुए तो सुना मत।
रज़ा तो फ़िजा की यही सदा होती,
सुनो जो जमाने कहा वो दिखा मत।
बहुत बार सोचा कि छोड़ें जगत को,
दुआ गर खुदा की हुई गमज़दा मत।
यहाँ मन भरा यार सीरत वफा से,
शमां प्यार की ये सनम तू बुझा मत।

13

जहां हो तुम

यार हमारे कहाँ हो तुम,
खूब उठा वो धुआँ हो तुम।
सांस बचे हैं बहुत ही कम,
साथ मरेंगे जहाँ हो तुम।
रोक सका ना कभी कोई,
साथ चलो कारवाँ हो तुम।
गीत नज़्म और गजलें भी,
प्यार भरा सा बयाँ हो तुम।
जोड़ सके नाम रमनसीरत,
ढूंढ रहे हम जहां हो तुम।

14

हाल ए दिल

हाल- ए- दिल तो बेहाल है,
जिंदगी भी इक जंजाल है।
काटने को रहता है दौड़ता,
यह वक्त की तो पड़ताल है।
ग़मज़दा बनकर हूँ घूमता,
बेसुरी सारी सुर-ताल है।
झोंक दी है सारी ताकतें,
किंतु बिगड़े तेवर चाल है।
यार मनसीरत मंझदार है,
चार दीवारी का जाल है।

15

तेरे सिवा मिला क्या है

तेरे सिवा हमे मिला क्या है,
जो भी मिला किया गिला क्या है।
खाली कभी नही कुआं भरता,
लालच भरी नज़र दुआ क्या है।
खुद मार ठोकरें लगा सीने,
पूछें बता यार हुआ क्या है।
माना बहुत दुखी घड़ी आई,
दो पल समझ सही घटा क्या है।
कोई चला न चाल मनसीरत,
जीवन सफर लचर बचा क्या है।

16

प्रीत का असर

तेरी प्रीत का मुझ पर असर है,
लगता ये जहर भी बेअसर है।
घुट-घुट कर गुजरता है पहर,
बाकी भी बची कोई कसर है।
सोई नींद में गहरी इस कदर,
गहराई गई खुल कर पसर है।
अंधेरों भरा जीवन आशिकी,
होता प्रेम का ऐसा हसर है।
मनसीरत अकेला राह पर,
मुश्किल से कटी मेरी बसर है।

17

मुख भा रहा

कुछ आ रहा, कुछ जा रहा।
जादू हुआ, मन छा रहा।
सुन्दर लगा, मुख भा रहा।
देखा तुझे, घबरा रहा।
कैसे कहूँ, शरमा रहा,
कुछ तो बता, धमका रहा।
सीरत बहुत, सह पा रहा।
कुछ आ रहा, कुछ जा रहा।

18

अवतरण दिवस

इस बार फिर से अवतरण दिवस आया है,
फिर से वही बातें नया कुछ नहीं लाया है।
कोई न समझे पीर - धीर मन की जग में,
ताली बजाकर कुछ जुलूस सा निकल पाया है।
कोई गिला - शिकवा रहा न जीवन तुम से,
मकसद जहां में क्या समझ नहीं आया है।
खुशियों भरी महफ़िल सजी हुई आंगन में,
दिल का करीबी भी नजर नहीं आया है।
इक ओर जीवन का गया वर्ष मनसीरत,
कोई समय की रफ्तार को पकड़ पाया है।

19

दोनों हाथ लूटता माल है

मेरे देश का बुरा हाल है,
दोनों हाथ लूटता माल है।
बदली राजनीति के मायने,
अब सेवा रही नहीं जाल है।
सरकारी निजीकरण हो रहा,
बेबस सी विकास की चाल है।
खुद ही खुद हमी रहें नोचते,
तन पर भी रही नहीं खाल है।
सोने की चिड़ी रही लूट रही,
क्यूं खामोश हो रही ढाल है।
मनसीरत तना बना सोचता,
क्यों भारत फ़क़ीर कंगाल है।

20

साूत फेरों में हूँ बंध गया

सात फेरों हूँ बंध गया।
एक खूंटे संग हूँ जड़ गया।
हुई सदा के लिए हमारी,
सुंदरी कन्या वो कुंवारी,
घर-आंगन में है जम गया।
सात फेरों में हूँ बंध गया।
उसका हर रिश्ता हमारा,
हमारा हर रिश्ता हमारा।
विचलित मन फंस गया।
सात फेरों में हूँ बंध गया।
हमने उसे दिल से लगाया,
उसने हमें हैं पतंग बनाया,
उड़ता-उड़ता मैं थक गया।
सात फेरों में हूँ बंध गया।
शादी एक प्रेम समझौता,
आदमी बनता सदा खोता,
पहले दिन से ही ठग गया।

सात फेरों में हूँ बंध गया।
जबसे देखी सुन्दर तस्वीर,
फूटी उसी पल थी तक़दीर,
हूँ उसी रंग में मैं रंग गया।
सात फेरों में हूँ बंध गया।
रहती हरदम गलतफहमी,
सचमुच होती बड़ी वहमी,
खड़ा -खड़ा ही धंस गया।
सात फेरों में हूँ बंध गया।
जिंदगी हुई है धुआँ-धुआँ,
खोदा खुद हो गहरा कुआं,
मनसीरत अब तो डर गया।
सात फेरों में हूँ बंध गया।
सात फेरों में हूँ बंध गया।
एक खूंटे संग हूँ जड़ गया।

21

दिल का हाल सुनाऊँ कैसे

दिल का हाल सुनाऊँ कैसे,
अपनों को बहकाऊँ कैसे।
मुख पर पल में आ जाते हैं,
मन के भाव छुपाऊँ कैसे।
जो - जो मेरे साथ हुआ है,
सब को राज बताऊँ कैसे।
घर -आंगन में घुसना चाहें,
सिर पर मैं बैठाऊँ कैसे।
पग-पग पर हैं ठगते जाएं,
लूटने से बचाऊँ कैसे।
अपने हक़ जान नहीं पाते,
भोलों को भड़काऊँ कैसे।
मनसीरत तो भोला पंछी,
प्रेम अपार जताऊँ कैसे।

22

गली तेरी बना मेरा नगर होगा

ख़ुदा का यार मुझ पर कहर होगा,
सनम का घोंसला मेरा शहर होगा।
अगर देखूँ कहीं भी गैर बाँहों में,
उसी पल ही हमें पीना ज़हर होगा।
मिलूँ ना मैं कभी गर अँगना घर में,
खड़ा घर में सदा मेरे शज़र होगा।
हवा-तूफान-आंधी से घिरे जीवन,
तिरे दर पर गिरा बंदा नज़र होगा।
अगर आओ मगर मेरे चले हरदम,
तो इस्तिकबाल दीवाना पहर होगा।
नदी - नाले करूँ मैं पार बन प्रेमी,
डगर चाहे पड़े सागर नहर होगा।
न मनसीरत मिले गर राह में मेरी,
गली तेरी बना मेरा नगर होगा।

23

आज़ादी की कीमत तुम क्या जानों

आज़ादी की कीमत तुम क्या जानों,
शहीदों की शहादत तुम क्या जानों।
हँसते - हँसते पल में जान वार दी,
निज खुशियाँ देश के नाम तार दी,
हुकूमत से बगावत तुम क्या जानों।
आज़ादी की कीमत तुम क्या जानों।
सुखदेव भगत सिंह राजगुरु प्यारे,
लाल लहू में रंगें जग से न्यारे,
रंग बसंती चोला तुम क्या जानों।
आज़ादी की कीमत तुम क्या जानों।
सुभाष चन्द्र बोस की बात निराली,
खून के बदले दे दी थी आज़ादी,
जवानी की रवानी तुम क्या जानों।
आजादी की कीमत तुम क्या जानों।
सूरमों के बल पर जीत ली बाजी,
मनसीरत गोरे जाने को राजी,
रूखी-सुखी खानी तुम क्या जानों।

आज़ादी की कीमत तुम क्या जानों।
आज़ादी की कीमत तुम क्या जानों।
शहीदों की शहादत तुम क्या जानों।

24

जरा ध्यान से वो बात सुनो,
हुआ जो मेरे साथ सुनो।
जंगली सुनसान राह जटिल,
संध्या से हुई प्रभात सुनो।
सुंदर परी के पीछे चला,
काली अंधेरी रात सुनो।
सहमा- सहमा डरा हुआ सा,
आँसुओं भरी बरसात सुनो।
श्वेत वस्त्र तन पर धारिणी,
प्यारी-न्यारी शुरुआत सुनो।
अंग - अंग से यौवन बरसे,
वासना भरे जज़्बात सुनो।
पल में ओझल हुई सुंदरी,
मनसीरत के ख्यालात सुनो।

25

मज़ा आता सुनाने में

बहुत है गम ज़माने में,
लगे हैं हम निशाने में।
करो दिल खोलकर बातें,
रखा ना कुछ बहाने में।
सदा बांटो खुशी सारी,
बड़ा मीठा मखाने में।
ज़रा देखो मिले मौका,
छिपा आनंद दबाने में।
भरी गर मैल मन तेरे,
रखा क्या है बुलाने में।
कहानी है सितमगर की,
मज़ा आता सुनाने में।
न मनसीरत कभी हारा,
खुशी मिलती जिताने में।

26

ख्वाब प्यारे हमें आने लगे,
चाँद - तारे सभी गाने लगे।
क्या ख़ता है हुई हमको बता,
पास से ही गुजर जाने लगे।
गम मुझे काटते हैं रात-दिन,
सांप आस्तीन बन खाने लगे।
गर गिले और शिकवे हैं मिले,
रूबरू वो नहीं तो कुछ नहीं,
याद में हू-बहू आने लगे।
न मनसीरत कभी है मानता,
प्यार में यार दीवाने लगे।

27

मनराज - जन्मदिवस

मनराज बड़ा ही दिलदार है,
कुदरत का प्यारा उपहार है।
महके घर की क्यारी-क्यारी,
ख़ुश्बू जिसकी लगती प्यारी,
सुन्दर उपवन घर संसार है।
बहुत प्यारा सा उपहार है।
दादू के जिगर का टुकड़ा है,
चाँद से भी प्यारा मुखड़ा है,
फलता - फूलता परिवार है।
बहुत प्यारा सा उपहार है।
माता - पिता का है दुलारा,
ताऊ-ताई का है ध्रुव तारा,
पढ़ने में बहुत होशियार है।
बहुत प्यारा सा उपहार है।
खाते-पीते घर का है पोता,
गोल - मटोल चकोर मोटा,
बुआ - फुफ़ो का दुलार है।
बहुत प्यारा सा उपहार हैं।
जन्मदिन है हार्दिक बधाई,

झोली भर हैं ख़ुशियाँ आईं,
कान्हां कृष्ण का दीदार है।
बहुत प्यारा सा उपहार है।
मनराज बड़ा ही दिलदार है।
क़ुदरत का प्यारा उपहार है।

28

ख्वाब प्यारे हमें आने लगे

ख्वाब प्यारे हमें आने लगे,
चाँद - तारे सभी गाने लगे।
क्या ख़ता है हुई हमको बता,
पास से ही गुजर जाने लगे।
गम मुझे काटते हैं रात-दिन,
सांप आस्तीन बन खाने लगे।
गर गिले और शिकवे हैं मिले,
बात प्यारी सदा ताने लगे।
रूबरू वो नहीं तो कुछ नहीं,
याद में हू-बहू आने लगे।
न मनसीरत कभी है मानता,
प्यार में यार दीवाने लगे।

29

तिरंगा मेरे देश का

तिरंगा मिरे देश का , आन - बान है शान।
तीन रंग से है बना, मध्य अशोक निशान।।
घर - घर की मंडेर पर, बढ़ाता रहे मान।
लहर- लहर लहरा उठे, लहरे गति समान।।
आज़ादी है कीमती, दिए बहुत बलिदान।
थे लाल-बाल-पाल ने, वार दिए निज प्राण।
लाल लहू से था सना, आज़ादी का काज।
रग - रग रक्तक खोलता, कंधे बैठा बाज।।
पल मनसीरत आ गए, वक्त बड़ा अनमोल।
ध्वजारोहण हक मिला, खून बराबर तोल।।

30

रक्षाबंधन - पर्व

संस्कृति यही यही तो संस्कार है।
रक्षाबंधन भाई-बहनों का प्यार है।
सावन मास पुर्णिमा के दिन आये,
भारतवर्ष में खुशी-खुशी से मनायें,
आभा पर छाती ख़ुशियाँ हजार हैं।
रक्षाबंधन भाई-बहनों का प्यार है।
चंदन तिलक सिंदूरी माथे लगाये,
भाई बहना से राखी बंधाये,
बहन को मिलता सुंदर उपहार है।
रक्षाबंधन भाई-बहनों का प्यार है।
जैसे-तैसे बहन भाई के घर आये,
मीठे संग रेशमी धागा भी है लाये,
स्नेह भरे रिश्ते में प्रेम अपार है।
रक्षाबंधन भाई-बहनों का प्यार है।
देख नेह मुख प्रफुल्लित हो जाये,
मूर्छा मन पुलकित हर्षित हो जाये।
साल में आता एक बार त्योहार है।
रक्षाबंधन भाई-बहनों का प्यार है।
बहन-भाई इक वृक्ष की हैं शाखाएँ,

रीति खातिर दोनों दूर-दूर हो जाएं,
पत्तों रूपी प्रीति का बहुत अंबार है।
रक्षाबंधन भाई-बहनों का प्यार है।
रूखी-सूखी सी दुखयारी दर आये,
भ्राता से दो बूंदें प्रेम की बस चाहे,
भाभियों ने मिले कभी तिरस्कार है।
रक्षाबंधन भाई - बहनों का प्यार है।
मनसीरत माता-पिता के नयन तारे,
प्रेमभाव ऑंखों में रहे सदैव हमारे,
सुख-समृद्ध खुशहाल ये परिवार है।
रक्षाबंधन भाई - बहनों का प्यार है।
संस्कृति यही यही तो संस्कार है।
रक्षाबंधन भाई - बहनों का प्यार है।

31

घर - घर लहराए तिरंगा

घर-घर लहराए तिरंगा सरकार का यह फरमान है,
तिरंगा तो हर हाथ में पर घर यही यही व्यवधान है।
रहने को मजबूर मजदूर रहने को सिर पर छत नहीं
जन-जन निज घर में तिरंगा कब होगा समाधान है।
दे कर कर है जनता हारी समझ से परे है मुखत्यारी,
भाड़ में जनता बेचारी उनको तो बढ़ाना कराधान है।
देशभक्ति की लहर हमेशा हर जन की रग दौड़ती,
जाति-जहर धर्म घोलती सरकार की ये सुरतान है।
मनसीरत कोई तो चलकर आगे आये नही तो सच,
महंगाई, बेरोजगारी, भृष्टाचारी, लाचारी ही परवान है।

32

डूबते को सहारा

डूबते को बस किनारा चाहिए।
बे - सहारों को सहारा चाहिए।
लात-घुसें भी मिलें चाहें ठोकरें,
माँ-पिता को सुत दुलारा चाहिए।
मार कर छाया बिठाए जो हमें,
यार वो हम-दम हमारा चाहिए।
जानता हो कायदे-कानून जो,
वैर में दुश्मन गवारा चाहिए।
यार मनसीरत बिना है कुछ नहीं,
आशिकी में दम तुम्हारा चाहिए।

33

पायल की झंकार

पायल की झंकार बजती गली-गली।
सीने पर करती वार गौरी खड़ी-खड़ी।
रंग की गोरी चाँद-चकोरी क्या कहने,
छैल-छबीली अलबेली दिल के गहने,
फूलों की बहार क्यारी बड़ी हरी-भरी।
पायल की झंकार बजती गली-गली।
जादूगरी की चाल चले वो मस्तानी,
तन-मन महक फैलाये अदा दीवानी,
आँखें होती चार प्यारी सी हवा चली।
पायल की झंकार बजती गली-गली।
सुंदर सूरत मोहिनी मूर्त गजब ढाये,
मस्ती भरे यौवन से कौन हमें बचाये,
है इश्किया बुखार कैसी पवन चली।
पायल की झंकार बजती गली-गली।
चोरी-चोरी देख मनसीरत मुस्कराये,
परियों की रानी है प्रेम वर्षा बरसाये,
छाया इश्क खुमार हालत मरी पड़ी।
पायल की झंकार बजती गली-गली।
पायल की झंकार बजती गली-गली।

सीने पर करती वार गौरी खड़ी-खड़ी।

34

हाल ए दिल बताना होगा

फासला सरहद मिटाना होगा,
दो कदम भी तो बढ़ाना होगा।
सो रहें चिर काल से वो जो हैं,
नींद से उनको भी जगाना होगा।
साफ़ मन से भूल शिकवे सारे,
पास अपने ही बिठाना होगा।
माफ़ कर उनको नए ख्यालों में,
अटकलों का भी गिराना होगा।
मान कर निज मीत साजन को,
ख़्वाब में अपने सजाना होगा।
दूर कर कड़वाहट तन-मन की,
भाव मे मीठा मिलाना होगा।
यार मनसीरत खड़ा दर तेरे,
हाल-ए-दिल भी बताना होगा।

35

आज़ादी के वो मतवाले थे,
हमारे देशभक्त निराले थे।
याद रखो तुम कुर्बानी को,
चढ़ती रवानी जवानी को,
भारत के लाल दुलारे थे।
हमारे देशभक्त निराले थे।
भगत सुखदेव राजगुरु थे,
क्रांतिवीर धीर महागुरु थे,
भारत के वो रखवाले थे।
हमारे देशभक्त निराले थे।
शहीदी शहादत रंग लाई,
रक्तवीरों की कीमत पाई,
दलेरी में वो दिलवाले थे।
हमारे देशभक्त निराले थे।
मनसीरत सदा ऋणी रहे,
शहीदों का गुणगान करे।
गौरों पिये खून प्याले थे।
हमारे देशभक्त निराले थे।
आज़ादी के वो मतवाले थे।
हमारे देशभक्त निराले थे।

36

राखी

राखी मेरे हाथ मे , ढूंढू भाई हाथ।
पिछले वर्ष शहीद हुआ, बहना हुई अनाथ।।
आँखें आँसू से भरी, कर भाई को याद।
सीमा पर मर जो मिटा, करूँ रोज फरियाद।।
आज़ादी पर्व आ गया, सदा तिरंगा साथ।
याद शहीदों को करो, दुश्मन को दी मात।।
जिनके हाथों में रखी, देश की शान-बान।
निज हित मे खोने लगे, भारतवर्ष की शान।।
मनसीरत मन बांवरा, देख देश का हाल।
हर तरफ रहे फैलता, माया ठगनी जाल।।

37

मेरा वतन मेरी जान

मेरा वतन मेरी जान है।
वतन से मेरी पहचान है।
घर-घर मे लहरा तिरंगा,
बहती है घर-घर में गंगा,
हर मुख आई मुस्कान है।
मेरा वतन मेरी जान है।
विश्व पताका लहराई है,
भारतवर्ष में गहराई है,
गहरे दिल पर निशान हैं।
मेरा वतन मेरी जान है।
एकता में दिखे अनेकता,
मेरे देश की ये विशेषता,
बसता यही पर जहान है।
मेरा वतन मेरी जान हैं।
तन-मन-धन सदा वार दूँ,
अंतिम सांसें मैं नौछार दूँ,
हिंदुस्तान ये अभिमान है।
मेरा वतन मेरी जान है।
मनसीरत तेरा जनवासी,

हर जन्म यही अभिलाषी,
मेरा भारत सदा महान है।
मेरा वतन मेरी जान है।
मेरा वतन मेरी जान है।
वतन से मेरी पहचान है।

38

अगर रूठी हो तो सोने चाँदी से सजा दूँ

अगर रूठी हो तो सोने चाँदी से सजा दूँ,
तनबदन कोई तकलीफ़ हाथ पैर दबा दूँ।
ज़ुल्फें बिखेर कर यूँ न उदास बैठो सखी,
मन में कोई कशिश तो सूट नया दिला दूँ।
कोई कसर बाकी रह गई हो धरती पर,
आसमां में चमकते चाँद तारों से मिला दूँ।
भेद आया न अब तक हमें हुस्नपरी का,
समझ आ जाए तो मैं ताजमहल बना दूँ।
मनसीरत वाकिफ़ नाज नख़रे अदाओं से,
गिले-शिकवे और शिकायतों को भूला दूँ।

39

कलम पकड़ लिखते रहो

कलम पकड़ लिखते रहो, कभी ना रुको आप।
नयन निंदिया हम भरे, शीतल होगा ताप।।
वचन के तुम प्रहार से, करो बुराई साफ।
जन हित में जो भी करो, ग़लती होगी माफ़।।
ऐसी करनी तुम करो, जग में हो सब नाम।
जन की सेवा में छिपा, चारों दर्शन धाम।।
तेरा - मेरा कुछ नहीं, छाया माया जाल।
लोभ - मोह में है मरा, मानुष सिर पर काल।।
मनसीरत है देखता, सब के मन में चोर।
मानवता के नाम का, सुनता रहता शोर।।

40

समय गम की दवाई है,
खुदा ने ही बनाई है।
बुझे मन से खिलाता है,
बहुत कड़वी मिठाई है।
परख लो जो बताया है,
उचित बातें बताई है।
बिखेरो प्यार की वर्षा,
विचारों की लड़ाई है।
बुराई भी नहीं अच्छी,
सहन करना भलाई है।
खिन्न हैं यार मनसीरत,
बड़ी दिल से लगाई है।

41

यशप्रीत जन्मदिवस

जन्मदिवस की शुभाशीष हो,
पुलकित सा खिला शीश हो।
मिले खुशियों भरा खजाना,
सारा जमाना हुआ दीवाना,
तेरे दर पर सदा जगदीश हो।
जन्मदिवस की शुभाशीष हो।
जग में सदा नाम हो तुम्हारा,
बनो माता-पिता का सहारा,
हर्षित हृदय से देवाशीष हो।
जन्मदिवस की शुभाशीष हो।
विद्या धन की हो सदा वर्षा,
बादलो की हो ऊँची गर्जना,
मुख पर सुख बलाधीश हो।
जन्मदिवस की शुभाशीष हो।
मनसीरत यशप्रीत है प्यारा,
कुलवंश का है राजदुलारा,
कुदरत की तुम आशीष हो।
जन्मदिवस की शुभाशीष हो।
जन्मदिवस की शुभाशीष हो।

पुलकित सा खिला शीश हो।

42

श्री कृष्ण-जन्माष्टमी

देवकी नंदन श्री कृष्ण अवतार हैं,
जगत के दुखों के वो तारणहार हैं।
यशुमति मैया का था राजदुलारा,
नंद बाबा की वो आँखों का तारा,
गोकुल की गलियों में ही प्यार है।
देवकी नंदन श्री कृष्ण अवतार हैं।
द्वारपालों को गहरी नींद सुलाया,
जेल खोल कर कान्हां बाहर आया,
लीलाधर की लीला अपरम्पार है।
देवकी नंदन श्री कृष्ण अवतार हैं।
उमड़-उमड़ यमुना पैरों को है छूती,
गोकुल नगरी दर्शन कर धन्य होती,
सुंदर सजता श्री नंद का दरबार है।
देवकी नंदन श्री कृष्ण अवतार हैं।
बकासुर, वत्सासुर को मार गिराया,
भारी - भरकम अत्याचार मुकाया,
सारे जगत का मोहन पालनहार है।
देवकी नंदन श्री कृष्ण अवतार हैं।
गोपियों संग रास लीला थी रचाई,

राधा के प्रेम में अंग अंग अंगड़ाई,
माखन चोर का छाया खुमार है।
देवकी नंदन श्री कृष्ण अवतार हैं।
जन्माष्टमी का सुंदर उत्सव आया,
मुरलीधर का जन्मदिवस मनाया,
भारत वर्ष का सुनहरा त्योहार है।
देवकी नंदन श्री कृष्ण अवतार हैं।
मनसीरत नयनों में नीर है भरते,
जन गण मन की पीर दूर है करते,
संपूर्ण जीवन ही उन पर नौछार है।
देवकी नंदन श्री कृष्ण अवतार हैं।
देवकी नंदन श्री कृष्ण अवतार हैं।
जगत के दुखों के वो तारणहार है।

43

सुंदर मुखड़ा ताज है

तू ही मन का राज है,
सुंदर मुखड़ा ताज है।
कैसे हासिल के सकूं,
नभ में उड़ता बाज है।
लटके-झटके देख कर,
गिरती तन पर गाज है।
जन्नत तुम हो खुशनुमा,
बजते दिल के साज है।
मीठे - मीठे बोल सुन,
मिसरी सी आवाज़ है।
तेरे दर्शन हों कभी,
बिगड़े बनते काज हैं।
मनसीरत है अधमरा,
तीखे नख़रे नाज़ हैं।

44

चलो साथियो मिल कर साथ हमारे

चलो साथियो मिल कर साथ हमारे,
डूबता शिक्षा का जहाज को बचाने।
बढ़ती जाती सरकारी तानाशाही,
शिक्षा जगत में मची खूब त्राहि त्राहि,
लगी सरकार शिक्षा तंत्र को मिटाने।
चलो साथियो मिल कर साथ हमारे।
वैज्ञानिकीकरण की नीति अपनाई,
स्कूलों से शिक्षकों की पोस्ट उड़ाई,
अध्ययन अध्यापक को चले बचाने।
चलो साथियो मिल कर साथ हमारे।
अभी नही तो फिर कभी नहीं होगी,
शिक्षा की ज्योति फिर नहीं जलेगी,
सोई सरकार को चले हम जगाने।
चलो साथियो मिल कर साथ हमारे।
आपसी वैर लड़ना-झगड़ना छोड़ो,
टांग -अड़ाना नाक- रगड़ना छोड़ो,
एक जुट हो कर आस्तित्ब बचाने।

चलो साथियों मिलकर साथ हमारे।
सरकारें चाहती फूटम्फुट हमारी,
नैया डूबती रहे सदा ही हमारी,
चली सियासत शिक्षा साख गिराने।
चलो साथियो मिलकर साथ हमारे।
मनसीरत सियासती इरादा समझो,
एकता में बंधो लड़ाई शुरू कर दो,
बन जाओ जल्दी संघर्ष के मस्तानें।
चलो साथियो मिलकर साथ हमारे।
चलो साथियो मिलकर साथ हमारे।
डूबता शिक्षा का जहाज को बचाने।

45

चंद आँसू बचा कर रख

चंद आँसू बचा कर रख,
राज सीने छिपा कर रख।
देख कर हाल साजन का,
हीर सा मुख सजा कर रख।
राख हो तन-बदन पल में,
आग दिल में लगा कर रख।
बाग से फूल मत तोड़ो,
हाथ मे शूल चुभा कर रख।
फंस जाए शिकारी झट,
जाल सघना बुना कर रख।
रात को जाग मनसीरत,
प्यार के गम भुला कर रख।

46

घड़ी दो घड़ी

आ बैठ मेरे पास घड़ी दो घड़ी,
मन की बुझाओ प्यास घड़ी दो घड़ी।
मैं ढूंढता हूँ प्यार गली दर गली,
आ मिल करें प्रयास घड़ी दो घड़ी।
सहनी पड़ी है मार यहीं हर कहीं,
होगा बहुत ही नाश घड़ी दो घड़ी।
उनका यही उपहार हमें हैं मिला,
होने लगा उपहास घड़ी दो घड़ी।
यह प्रेम मनसीरत न मिला है हमें,
बन के रहा मैं दास घड़ी दो घड़ी।

47

अमीर - गरीब

गरीबों पर अक्सर लिखते हैं,
बेहद अमीर संजीदा लोग,
मूल रूप से नही जानते हैं,
रंक के गंभीर रोग,
वाहवाही खूब लूटते रहतें हैं,
पर नहीं जाते उनके भोग,
वातानुकूलित वातावरण में बैठ,
करते हैं भावनात्मक ढोंग,
अरे एक दिन बसर कर के देखो,
कैसे जीते मरते हैं गरीब लोग,
बहुत आसान है उन पर कुछ लिखना,
हिम्मत है तो कर के देखो तो प्रयोग,
अमीरी-गरीबी तो जैसे आंखमिचौली,
यह तो मात्र है प्राकृतिक संयोग,
मनसीरत देख तमाशा दुनिया का,
अमीर है रोगी और गरीब है निरोग।

ट्रांसफर-ड्राइव ट्रेन

आने वाली वो आखिर घड़ी है,
ट्रांसफर ड्राइव की ट्रेन चली है।
कौन कहाँ पर पटका जाएगा,
गाड़ी स्टेशन की पथ पर खड़ी है।
मनपसंद होगा या फिर बे-मन,
जान सूली पर सभी की अड़ी है।
बांध लो साथियों अपना सामान,
बटन दबाने को सरकार चली हैं।
मनसीरत टूटेगा पुराना याराना,
एनीवेयर की गूंज कानों पड़ी है।

49

क्या से क्या हो गया

इश्क में क्या से क्या है हो गया,
ज़ुल्फ़ उसकी उड़ी मैं खो गया।
आग ऐसी लगी बुझती नहीं,
बीज अनुराग के वह बो गया।
तुम भले ना मिलो अक्सर हमें,
रंज में अश्क दो वो रो गया।
उठ न पाए कभी हम स्थान से,
भार गम का यहाँ पर ढो गया।
मर सका भी न मनसीरत कहीं।
पाप अपने हमीं पर धो गया।

50

GTD की WAIT

खिसक - खिसक कर खिसक रही GTD DATE,
कब तक बता हम सब करते रहें GTD की WAIT
पढ़ाना - लिखाना छोड़ कर GTD पर आँख लगाई,
सोच - सोचकर घट गया हमारा सब का WEIGHT.
बीच अधर जब नींद खुले देखते रहें MIS ORDER
जब भी देखें यही मिले कोई न कोई MISTAKE.
तानाशाही पुर जोर है वश में नहीं कोई SYSTEM
कब तक GTD को करते रहेंगे अफसर UPDATE.
मनसीरत HERE THERE तो कभी ANYWHERE
यह सोच कर घट बढ़ रहा रोज रोज PULSE RATE.

51

दीवानों के पीर

दीवानों के जैसे तुम पीर हो गए,
राँझे की खोई जैसे हीर हो गए।
नजरों में रहते - रहते दूर हो गए,
कैदी के जैसे ही जंजीर हो गए।
सांसों में बसते हो मेरे यहीं कहीं,
आजीवन में लंबी सी धीर हो गए।
राहों में आते-जाते भी कहीं नहीं,
दीवारों पर टँगी तस्वीर हो गए।
मनसीरत कैसे भूले है नज़र लगी,
आँखों मे जैसे बहते नीर हो गए।

52

बिछड़ेंगे सब बारी - बारी

बिछड़ेंगे सब बारी - बारी।
छोड़कर सभी यादें प्यारी।
यार प्यारे हुए परदेशी,
इक - दूसरे के थे हितैषी,
बदली वाहक हम पर भारी।
बिछड़ेंगे सब बारी - बारी।
हाथ बढ़ाना साथ निभाना,
साथ पढ़ाना साथ खिलाना,
याद आएगी बहुत तुम्हारी।
बिछड़ेंगे सब बारी - बारी।
गर्म चाय की मीठी चुस्की,
शाम को पीते तीखी व्हिस्की,
धर्मवीर सी हमारी यारी।
बिछड़ेंगे सब बारी - बारी।
GTD ने हमें बहुत छकाया,
बहुत भगाया बहुत सताया,
काम नहीं आई होशियारी।

बिछड़ेंगे सब बड़ी - बारी।
बैठ कार में साथ थे आते,
मजेदार सी बातें बतियाते,
रास आई थी हम सवारी।
बिछड़ेंगे सब बारी - बारी।
स्कूलों को हमने सजाया,
राग प्यार का साथ बजाया,
कर ली है जानें की तैयारी।
बिछड़ेंगे सब बारी - बारी।
मनसीरत हमे भूल न जाना,
दुख-सुख में है सदा बुलाना,
जिंदा रखना आदतें सारी।
बिछड़ेंगे सब बारी - बारी।
बिछड़ेंगे सब बारी - बारी।
छोड़कर सभी यादें प्यारी।

53

बदली ने बदल दिए साथी यार पुराने

इस बदली ने बदल दिए रे साथी यार पुराने।
एक बटन से ही बदल दिए सारयां के ठिकाणे।
सुख - दुख की मिल बैठ कर बतलाया कर दे,
एक दूसरे कै काम भी हम सब रै आया कर दे,
एक फूँक में रै फैंक दिए सारे शिक्षा के परवाने।
इस बदली ने बदल दिए रै साथी यार पुराने।
बैठ साथ में साथी सारे स्कूलां में आया करदे,
रंग - बिरंगे खोल के टिफन खाना खाया करदे,
बदल दी दुनिया म्हारी बदल दिए सारे पैमाने।
इस बदली ने बदल दिए रै साथी यार पुराने।
करके मेहनत काया बदली सजाये बाग बगीचे,
सरकारी स्कूलां के नाम आण दिए न कदे नीचे,
एक बात थी एक साथ था एक जैसे थे मस्तानें।
इस बदली ने बदल दिए रै साथी यार पुराने।
खेल-खेल में जी लाके बालकां नै पढ़ाया करदे,
कोई भी कदे संकट आ जै मिलके हराया करदे,
दिन-रात याद आया करेंगे बीत गए जो जमाने।

इस बदली ने बदल दिए रै साथी यार पुराने।
मनसीरत ट्रांसफर ड्राइव सरकार कड़े ते ल्याई,
कई स्कूलां में बिन मास्टर के बिगड़ गई पढ़ाई,
कौन सुनेगा पुकार स्कूलां की खाली सैं निशाने।
इस बदली ने बदल दिए रै साथी यार पुराने।
इस बदली ने बदल दिए रै साथी यार पुराने।
एक बटन से ही बदल दिए सारयां के ठिकाणे।

54

ईमान भी बिकता है

इंसान भी बिकता है,
ईमान भी बिकता है।
मंदिर-मस्ज़िद-गिरजा में,
भगवान भी बिकता है।
कलयुग ज़माने में अब,
धनवान भी बिकता है।
कमज़ोर को तो छोड़ो,
बलवान भी बिकता है।
सच को सिद्ध करने में,
परवान भी बिकता है।
इस काठ की मंडी में,
तरखान भी बिकता है।
क़ाबिल नहीं मनसीरत,
दरबान भी बिकता है।

55

यारों ये कैसी विदाई

यारों है ये कैसी विदाई,
आँखों मे आँसू ले आई।
मन हुआ है भारी-भारी
बहुत मुश्किल है जुदाई।
आखिर वही घड़ी आई,
जी सचमुच है दुखदायी।
जो आया वो जाएगा ही,
यही सदा से ही सच्चाई।
मनसीरत आँखे हैं नम,
होती सदा प्रीत है पराई।

56

नया स्कूल नया ठिकाना

नया स्कूल है नया ठिकाना,
दुनियादारी आना - जाना।
नए मिलेंगे साथी सारे,
वो भी होंगे खास हमारे,
उन से हो होगा बतियाना।
नया स्कूल है नया ठिकाना।
कोपल कोमल होंगे बच्चे,
प्यारे न्यारे सब से अच्छे,
जी जान लगा उन्हें पढ़ाना।
नया स्कूल है नया ठिकाना।
तन-मन-धन से हैं सहयोगी,
कोशिश अपनी पूरी होगी,
ईमानदारी से फर्ज निभाना।
नया स्कूल है नया ठिकाना।
सुन्दर होंगे बाग बगीचे,
खून - पसीने से हम सींचे,
अशोक वाटिका सा सजाना।

नया स्कूल है नया ठिकाना।
टीस करेंगी याद पुरानी,
पुराने स्कूल की हर निशानी,
नम आँखों से आँसू बहाना।
नया स्कूल है नया ठिकाना।
हर पल हर दम याद रखेंगे,
पुराने साथी जी जान रहेंगे,
कभी न होगा उन्हें भुलाना।
नया स्कूल है नया ठिकाना।
मनसीरत वह मंजिल मेरी,
गिरजा मन्दिर मस्जिद मेरी,
हसीं हमारा वहाँ ज़माना।
नया स्कूल है नया ठिकाना।
नया स्कूल है नया ठिकाना।
दुनियादारी आना - जाना।

57

अपनों को अपनाया मैंने

अपनों को अपनाया मैंने,
दिल से गले लगाया मैंने।
अरमानों की भेंट चढ़ाकर,
भावों को दफनाया मैंने।
हाव-भाव बाज़ार देखकर,
खुद का भाव गिराया मैंने।
मोह-माया जाल फैलाकर,
लोभी को फ़ंसाया मैंने।
हौसलों को गले लगाकार,
संकट काल हराया मैंने।
सदियों से जो बंद पड़े थे,
राहों को खुलवाया मैंने।
मनसीरत तो कभी न हारा,
दुश्मन को भरमाया मैंने।

58

बेगाना शहर हो गया

बेगाना अपना शहर हो गया,
मुश्किल हर पल हर पहर हो गया
देखो तुम पीछे जरा ओ पथिक,
छोटा सा नाला अब नहर हो गया।
बिगड़ा - बिगड़ा हाल है देश का,
खाना - पीना भी जहर हो गया।
कैसी हल चल क्या हुआ माजरा,
बहता पानी अब ठहर हो गया।
आँखें सोई ही नहीं रात भर,
रात ढलते ही सहर हो गया।
मनसीरत बढ़ता रहा फासला,
कुदरत का कैसा कहर हो गया।
****

सुखविंदर सिंह मनसीरत
खेड़ी राओ वाली (कैथल)
[04/09/2022, 21:35] Sukhvinder Singh Manseera
#Writer: ** शराब एक बुराई **
****

शराब एक बुराई है,

छोड़ने में भलाई है।
शराबी दोषी नहीं है,
जरा उसे होश नहीं है,
मद्य उसकी दवाई है।
शराब एक बुराई है।
नशा होता तो झूमती,
बोतल भी साथ नाचती,
चीज कैसी बनाई है।
शराब एक बुराई है।
पीते ही कदम बहकते,
शब्द अंग्रेजी के कहते,
चुप रहो तो भलाई है।
शराब एक बुराई है।
शाम होती सुहानी है,
हो जाती बदनामी है,
कहीं भी न सुनवाई है।
शराब एक बुराई है।
मनसीरत शराबी नही,
पीने में खराबी नहीं,
पर यारों ने पिलाई है।
शराब एक बुराई है।
शराब एक बुराई है।
छोड़ने में बुराई है।

59

शिक्षक-दिवस

शिक्षक राष्ट्र भाग्य विधाता।
शिक्षा-शिक्षण के गीत गाता।
भरता है गागर में सागर,
ज्ञान बांटता जान लगा कर,
शुभचिंतक भविष्य निर्माता।
शिक्षक राष्ट्र भाग्य निर्माता।
अध्यापक रिश्वतखोर नहीं,
नेता - अभिनेता चोर नहीं,
सच हक की कमाई खाता।
शिक्षक राष्ट्र भाग्य विधाता।
मन अंदर कोई मैल नहीं,
उन जैसा जग में और नहीं,
भाईचारे का पाठ पढ़ाता।
शिक्षक राष्ट्र भाग्य विधाता।
धर्म-जाति जहर शोर नहीं,
उन जैसी कोई गौर नहीं,
मानवता का धर्म अपनाता,
शिक्षक राष्ट्र भाग्य विधाता।
चाहे कैसा भी हो मौसम,

ज्ञानप्रकाश से करे रोशन,
अंधेरा कोसों दूर भगाता।
शिक्षक राष्ट्र भाग्य विधाता।
मेडल का कोई शौक नहीं,
सहता किसी की रोक नहीं,
सारथी बन है राह दिखाता।
शिक्षक राष्ट्र भाग्य विधाता।
आज स्थिति बड़ी खराब है,
राजनीति की ये शिकार हैं,
पर पल भर नहीं है घबराता।
शिक्षक राष्ट्र भाग्य विधाता।
शिक्षक दिवस उपहार यही,
शिक्षा का हो विकास यहीं,
करबद्ध अर्जी यही लगाता।
शिक्षक राष्ट्र भाग्य विधाता।
मनसीरत की तो मांग यही,
सरकारें हों सदा साथ खड़ी,
मंद मंद मधुर है मुस्कराता।
शिक्षक राष्ट्र भाग्य विधाता।
शिक्षक राष्ट्र भाग्य विधाता।
शिक्षा-शिक्षण के गीत गाता।

60

चलता नहीं कोई ज़ोर है

चलता नहीं कोई ज़ोर है,
हर शाख पर बैठा चोर है।
कोई नहीं सुनता बोलता,
यह मच रहा कैसा शोर है।
ख़ुशबू भरी लगती ताज़गी,
आई नवेली सी भोर है।
वह पंख फैलाकर नाचता,
सुंदर बड़ा दिखता मोर है।
है सोचता मनसीरत यही,
जो सोचते सारे ओर हैं।

61

बिगड़े हालात आज हैं

बिगड़े हालात आज हैं,
खतरे में खूब ताज है।
मौसम भी तो खराब है,
नभ में उड़ते न बाज हैं।
गाना गाते वो बेसुरा,
सुर में बजते न साज हैं।
बिखरे अल्फ़ाज़ हैं सदा,
पूरा कोई न काज है।
मनसीरत है ख़फ़ा-ख़फ़ा,
अपनों पर भी न नाज है।

62

तेरी तस्वीर

दिल मे तेरी तस्वीर है,
सुंदर मेरी तकदीर है।
आदत हमको है आपकी,
यह जीवनभर की पीर है।
गिरते जब पत्ते शाख से,
तरुवर की कितनी धीर है।
सह कर गम बेशक हँसे,
नयनो मे उसके नीर है।
मनसीरत अब रुकते नहीं,
तरकश से निकले तीर है।

63

मन बहुत उदास है

मन बहुत उदास हैं,
जिंदगी निराश है।
कुछ करो प्रयास तो,
धुंधला प्रकाश है।
प्यार से हरा - भरा,
प्रेम का निवास है।
खूब दागदार है,
आपका लिबास है।
कुछ तो बोल सीरत,
सुन बड़ी खराश है।

64

क्या बात करूं मैं प्यार की,
प्यार बन गया है व्यापार।
हर बात समझ से बाहर है,
कैसे चल रहा है संसार।
मानव मानव का शत्रु बना,
कहाँ पर ढूंढें प्रेम - प्यार।
लोभी हो गया जगत सारा,
मोह-माया में सब सरोबार।
गुजारिश भी काम न आई,
दिल से भी किया सत्कार।
भलाई नहीं कुछ काम की,
लोग करते रहते दुर्व्यवहार।
मेरी अक्ल गई सारी मारी,
दुनियादरी बहुत समझदार।
मनसीरत हालत देश की,
फंसी जाति धर्म मंझदार।

65

प्रीत न कोई

मेरे मन मे मीत न कोई,
जागी अब तक प्रीत न कोई।
हर दम हारा जीत न पाया,
मिलती हमको जीत न कोई।
समझे कोई प्रेम न आशा,
प्यारी जग में रीत न कोई।
नगमा मधुरिम भी न सुनाया,
मीठा गाया गीत न कोई।
मनसीरत तो है ढूंढ न पाया,
यारों जैसा शीत न कोई।

66

तुम बिन हम नहीं, कोई गम नहीं।
दिल को दी खुशी, आँखें नम नहीं।
टिक पाए यहाँ, दिखता दम नहीं।
आये सामने, हम भी कम नहीं।
मनसीरत दिखा, जीवन तम नहीं।
तुम बिन हम नहीं, कोई गम नहीं।

कोई नहीं किसी का मीत है,
झूठे गाता शेखी के गीत है।
दिखावे का चला ऐसा दौर है,
झूठी चली जगत की रीत है।
कुछ नहीं धरा है मित्र द्वेष में,
मिलता वही हो जैसी नीत है।
झूठ की उम्र है कुछ भी नहीं,
सच्चाई की ही होती जीत है।
मनसीरत अच्छा हो या बुरा,
पल में वक्त जाता व्यतीत है।

68

कोई साथी पास नहीं

कोई साथी है पास नहीं,
मिलने की कोई आस नहीं।
बदले - बदले अहसास यहाँ,
सब हैं मालिक पर दास नहीं।
बिखरे - बिखरे अरमान लगे,
कोई भी दिल का खास नहीं।
चाहे बेगम हो रोज़ खफ़ा,
पर गम का बोझा रास नहीं।
टोली हमजोली यार जुदा,
खेली जाती अब ताश नहीं।
मनसीरत मिटती याद नहीं,
उजड़े बाग़ों में घास नहीं।

69

अपना शहर बेगाना हुआ

अपना शहर बेगाना हुआ,
ऐसा इधर अफ़साना हुआ।
जब भी मिला वो प्यारा लगा,
हर वो शख़्श दीवाना हुआ।
देखे हमें उनको सालों हुए,
दीदार उनका नजराना हुआ।
महफ़िल भरी वो खाली लगी,
जब जान उनका जाना हुआ।
कोई न मनसीरत पाई डगर,
टूटी सड़क पर आना हुआ।

70

नारी-मंथन

नारी चाहती सुन्दर काया।
होनी चाहिए पर्स में माया।
चाँद - चकोरी रंग की गौरी,
कोमल जैसे सूत की डोरी,
देख पुरुष ने गीत गाया।
नारी चाहती सुन्दर काया।
छैल-छबीली देह है कंचन,
चतुर नार करती रहे मंथन,
रूह माँगती सुरक्षित साया।
नारी चाहती सुन्दर काया।
धूप - छाया सी रंग बदलती,
हर घर में रहे उसकी चलती,
रंग-रूप का जाल बिछाया।
नारी चाहती सुन्दर काया।
मनसीरत के समझ ना आई,
कुदरत ने कैसी चीज़ बनाई,
गम का लड्डू खुद ही खाया।
नारी चाहती सुन्दर काया।
नारी चाहती सुन्दर काया।

होनी चाहिए पर्स में माया।

71

बस्तों में मिलती अब शराब है

हो गई शिक्षा पद्धति खराब है,
बस्तों में मिलती अब शराब है।
मानक मूल्यों की गिरावटें हैं,
पीने को आतुर सब तेज़ाब हैं।
पश्चिमी सभ्यता की मेहरबानी,
माहौल बिगड़ रहा बेहिसाब है।
फूल सी कोमल थी लड़कियां,
गिरवीं आन आबरू हिज़ाब है।
जन्मदिन पर्व की रुत देखिये,
जाम बीयर के दूर किताब है।
माँ-बाप लाचार और मौन हैं,
औलादें गर्म जैसे आफताब है।
संस्कृति - संस्कार हाशिये पर,
समझ से परे उलझा हिसाब है।
मनसीरत कहाँ रुकेगी दुनिया,
पहुँच से बहुत दूर ये ख़्वाब हैं।

72

सुनो सखी एक बात बताऊँ

सुनो सखी एक बात बताऊँ,
बात बता तुम्हें गले लगाऊँ।
यह दुनिया चतुर चालाक है,
सो टके की बात समझाऊँ।
मौकापरस्ती में रंगे लोग हैं,
कर आगाह मैं फ़र्ज निभाऊं।
रखो सदैव याद जो हैं बीती,
भूल गए वो रात याद कराऊँ।
खोलो बंद कान तुम्हें पुकारूँ।
ऊँची दे आवाज मैं हूँ बुलाऊँ।
मनसीरत प्रेम बना है व्यापार,
तन मन की मैं प्यास बुझाऊँ।

73

प्रभु संग प्रीत लगाई

प्रभु जी मेरे तुम संग प्रीत लगाई।
तेरे ही चरणों में है जन्नत समाई।
धरती पर हम जैसे हैं व्यभिचारी,
मैं में हैं डूबे बन कर अहंकारी,
तुम्हीं हो सहारा हम हैं हरजाई।
तेरे ही चरणों में है जन्नत समाई।
तुम सा नहीं है जग का रखवाला,
नीली छतरी वाला बहुत मतवाला,
तेरा परचम जल-थल-नभ साईं।
तेरे ही चरणों में है जन्नत समाई।
मानव तो सदा मानव का है वैरी,
महिमा तो सदा अपरंपार है तेरी,
तुम्हारी रज़ा में जगत की भलाई।
तेरे ही चरणों में है जन्नत समाई।
हाड़-मांस का तूने पुतला बनाया,
सांस डाल सुंदर संसार दिखाया,
कोई न जाने जो लीला है रचाई।
तेरे ही चरणों में है जन्नत समाई।
मनसीरत तेरे दर का है सवाली,

मनोहर बगिया का है तू ही माली,
नूर ए नजर तेरी जन-जन आई।
तेरे ही चरणों मे है जन्नत समाई।
प्रभु जी मेरे तुम संग प्रीत लगाई।
तेरे ही चरणों मे है जन्नत समाई।

74

बदलाव

यह कैसा बदलाव है भाई,
शिक्षा का बुरा हाल है भाई।
जो थे कन्या स्कूल बनवाये,
खत्म किये कमाल है भाई।
बेटी पढ़ाओ का देकर नारा,
कैसा फैलाया जाल है भाई।
शिक्षक पद सरप्लस बना,
चली घिनौनी चाल है भाई।
मर्ज कर दिए स्कूल हमारे,
न रही कोई संभाल है भाई।
शिक्षा तो है बुनियादी मुद्दा,
मूलभूत जरूरी ढाल है भाई।
उगता सूरज छिपता है जाए,
उल्टे-सीधे से ख्याल है भाई।
बिगड़ी शिक्षा बिगड़ेंगी नस्लें,
न कहीं गलेगी दाल है भाई।
उठो - जागो हो गया सवेरा,
हाथ न आया काल है भाई।
मनसीरत तो सोच-सोचकर,

बुरा दौर विकराल है भाई।

बुरा दौर विकराल है भाई।

75

विद्या देवी हे शारदे माँ

विद्या की देवी हे शारदे माँ।
विद्या का दे दान हे शारदे माँ।
हम हैं अज्ञानी हम हैं नादान,
शब्दों का हम को दे दो दान,
कर ज्ञान उजाला हे शारदे माँ।
विद्या का दे दान हे शारदे माँ।
तू हंसवाहिनी कमल पे विराजे,
हाथों में वीणा के सुर हैं बाजे,
जीवन तार दे तू हे शारदे माँ।
विद्या का दे दान हे शारदे माँ।
डूबतों के जैसे तिनका सहारा,
हम प्राणी हैं तुम बिन बेसहारा,
शिक्षा का दे वर हे शारदे माँ।
विद्या का दे दान हे शारदे माँ।
मनसीरत सदा तेरे गुण गाये,
हरपल हरदम तुम्हें ही ध्याये,
खड़े हम सवाली हे शारदे माँ।

विद्या का दे दान हे शारदे माँ।
विद्या की देवी हे शारदे माँ।
विद्या का दे दान हे शारदे माँ।

76

शहर में अब दम घुटता है,
रहे बी.पी.घटता बढ़ता है।
दफ़न हैं यादें बचपन की,
पच्चपन में गम मिलता है।
कभी गुजरे हम कूचों में,
अभी भी सीना जलता है।
सबक सीखा है अंबर से,
खड़ा संकट में दिखता है।
लड़ाई लड़ते जीवन की,
सदा ही जीता मरता है।
नहीं रुकता है मनसीरत,
वक्त जो आया ढलता है।

77

बारिश की फुहार

बारिश की फुहार, धो डालती है,

फूल, पत्ती, पेड़ों पर जमीं धूल,

तरोताज़ा शुद्ध हो जाती है आबोहवा,

जो काम करती है बन कर दवा,

मिटा देती है मानव की,

तन-मन की बीमारियाँ,

लेकिन मौकापरस्त है मानव जात,

जी तोड़, जी खोल कर ऐसे काम,

जिससे प्रदूषित हो जाता है,

पर्यावरण, वातावरण तमाम,

फिर से जम जाती है,

धूल-मिट्टी और धुएँ की परत,

फिर से होता है इंतजाम,

कब दुबारा आएगी बारिश की फुहार...।

78

हर पल मरते रोज़ हैं

हर पल हर दिन मरते रोज़ हैं,
गम पी कर भी करते मौज हैं।
औरों को खुश कर देखा यहाँ,
पर खुद के सिर रहता बोझ है।
लालच में डूबे रहते सभी,
अवसरवादी जन की फ़ौज है।
दुख सुख का साथी कोई नहीं,
यह पूरी ना होती खोज है।
मनसीरत दुनियादारी देख ली,
अपना दिल सहने की हौज़ है।

79

नहीं कोई यहाँ अपना

नहीं कोई यहाँ अपना है,
सज़ा झूठा रखा सपना है।
बता तो दो तरीका ऐसा,
भला कैसे सुखी रखना है।
जिगर में आग की लपटें हैं,
बताओ कब तलक जलना है।
रहे वो रेंगते बन कर सर्प,
पिला कर दूध बस डसना है।
बचा भी क्या यहाँ कुछ बाकी,
सितम उसने अमल करना है।
चढ़े बलि खूब हम मनसीरत,
किसी से अब नहीं डरना है।

80

जीने को तेरी बस एक याद काफी है

जीने को तेरी बस एक याद काफी है,
मिलोगे कभी तुम यही मुराद काफ़ी है।
ख्वाबों में अपने सजाया है तुझको,
कुछ भी गवारा तुम बिन नहीं है हमको,
मुक्कमल हो आस फ़रियाफ काफी है।
जीने को तेरी बस एक याद काफ़ी है।
हवा के झरोखों संग बुलाऊँ मैं तुमको,
बाँहों के झूलों में झुलाऊँ मैं तुमको,
तारों भरी रात में एक बात काफ़ी है।
जीने को तेरी बस एक याद काफ़ी है।
तू परियों की रानी मैं फूलो का राजा,
बनकर मोहब्बत जरा दिल मे समा जा,
पल दो पल ही सही संवाद काफ़ी है।
जीने को तेरी बस एक याद काफ़ी हैं।
डोली सजा कर घर - आंगन में लाऊं,
तू ही मेरी दुनिया संग खुशियाँ मनाऊँ,
अरमानो भरा हमारा निषाद काफ़ी है।

जीने को तेरी बस एक याद बाकी है।
सीने में दफ़न मनसीरत सारे राज हैं,
वो तेरे मेरे लम्हें यूँ ही जिंदा आज हैं,
दरमियां अपने मधुरिम नाद काफ़ी हैं।
जीने को तेरी बस एक याद बाकी हैं।
जीने को तेरी बस एक याद काफी हैं।
मिलोगे फिर तुम यही मुराद काफ़ी है।

81

सुन ओ बारिश किसान पर कुछ रहम कर,
डूब रही अथक मेहनत कुछ तो रहम कर।
लहराती फसलें देख खुश होता रहता मन,
हो गया है पानी - पानी कुछ तो रहम कर।
कर्ज में है डूबा हलधर सिर से पांव तलक,
कहीं करे न आत्महत्या कुछ तो रहम कर।
मिट्टी में मिट्टी हो कर हैं कुछ ख्वाब सजाए,
स्वप्न मत कर चकनाचूर कुछ तो रहम कर।
कड़कड़ाती धूप में कर काम तन जलाया,
मिल जाए परिश्रम फल कुछ तो रहम कर।
बेटी का कर ब्याह साहूकार कर्ज चुकाना,
माटी में मत मोल घोल कुछ तो रहम कर।
मनसीरत कर कीरत जग का पेट भरता,
भूखा रहने को मज़लूम कुछ तो रहम कर।

82

हर बात में तेरा जिक्र है

हर बात में तेरा जिक्र है,
क्योंकि हमें तेरी फिक्र है।
मैं और तुम नहीं हम सके,
भाग्य में लिखा हिज्र है।
तू जहाँ भी रहो खुश रहो,
ईश्वर की तुम पर नज़र है।
खुशी-खुशी से सफ़र कटे,
बेशक कठिन हर डगर है।
मनसीरत खड़ा है राह में,
कुछ भी न अगर-मगर है।

83

मन में जो गहरी पीर है

मन में जो गहरी पीर है,
देती वो दिल को चीर है।
दामन है यादों से भरा,
आँखों मे भरता नीर है।
राँझा बनकर भटकूं सदा,
तुम ही तो मेरी हीर है।
विरही जोगी सा हाल है,
रहता ना कुछ भी धीर है।
मनसीरत झोंका प्रेम का,
सीने में चुभता तीर है।

84

मंजिल बहुत करीब है

मंजिल बहुत करीब है,
सोये मिरे नसीब है।
खुद पर यकीं नही रहा,
भाग्य ही बदनसीब है।
कोई सखा मिला नहीं,
दुनिया बड़ी अजीब है।
अब रह गया ज़मीर है,
दिल का नहीं ग़रीब है।
सीरत कहीं न पास है,
दुश्मन बना हबीब है।

85

सेवानिवृत्ति

बेला सेवानिवृत्ति की आई।
नम आँखों से दे हम विदाई।
सादगी भरा साथ तुम्हारा था,
सच में ही बड़ा जो प्यारा था,
साथ चलेगी तेरी परछाई।
नम आँखों से दें हम विदाई।
हर काम पूर्णता से निभाया,
आदर सम्मान सभी से पाया,
घड़ी खुशियों से भरी है आई।
नम आँखों से दें हम विदाई।
खट्टी-मीठी यादें भी खूब रही,
हंसी-ठिठोली बातें खूब कही,
आँसुओं की झड़ी अब आई।
नम आँखों से दे हम विदाई।
यहीं पर शुरू की थी इयूटी,
यहीं पर हो रही सेवामुक्ति,
नेक नियति निष्ठा से निभाई।
नम आँखों से दें हम विदाई।
फूलों सा महकता परिवार रहे,

प्रेम-प्यार घर का आधार रहे।
चाँद – तारे दे नभ से बधाई।
नम आँखों से दे हम विदाई।
तेरा अनुभव हमें सिखाएगा,
हर एक लम्हा याद आएगा,
दर्द भरी होती सदा जुदाई।
नम आँखों से दे हम विदाई।
सूखे नैन आज भर आये हैं,
जैसे श्याम मेघ बरसाये हैं,
पर रग रग में खुशी है समाई।
नम आँखों से दे हम विदाई।
चालीस वर्ष सेवाकाल रहा,
रोहेड़ा विद्यालय गवाह रहा।
बीरभान को हार्दिक बधाई।
नम आँखों से दे हम विदाई।
बेला सेवानिवृत्ति की है आई।
नम आँखों से दे हम विदाई।

86

हर दम मिलती मात है

पल दो पल की बात है,
होने वाली रात है।
समझो कीमत वक्त की,
खाली दोनों हाथ है।
कीमत कब है जानता,
ख़तरे में जज़्बात हैं।
गैरों से मिलती वफ़ा,
अपने देते घात है।
मनसीरत परखा जगत,
हर दम मिलती मात है।

87

मिलकर हम कदम बढ़ाएंगे,
हर हक अपना हम पाएँगे।
कितना भी पथ कंटीला हो,
दुश्मन का पंजा पीला हो,
जीत का परचम लहराएंगे।
मिलकर हम कदम बढ़ाएंगे।
हाथों मे झंडा काला है,
हाथ सांप के मुंह मे डाला है,
जो सोयें हैं उनको जगाएंगे।
मिलकर हम कदम बढ़ाएंगे।
जनता का राजा चोर हुआ,
ज़ोर जुल्म अब घोर हुआ,
न्याय का दीपक जलाएंगे।
मिलकर हम कदम बढ़ाएंगे।
काले-कानून हैं कबूल नहीं,
मंजिल अब हमसे दूर नहीं,
क्रांति का बिगुल बजाएंगे।
मिलकर हम कदम बढ़ाएंगे।
हाकिम तानाशाही ने मारा है,
इंकलाब अब हमारा नारा है,
दाँतो के तले चने चबाएंगे।

मिलकर हम कदम बढ़ाएंगे।
मनसीरत ने यह ठान लिया,
सड़कों को घर है मान लिया,
खाली हाथ नहीं हम जाएंगे।
मिलकर हम कदम बढ़ाएंगे।
मिलकर हम कदम बढ़ाएंगे,
हर हक हम अपना पाएंगे।

88

पतझड़ से झड़ते अरमान हैं,
बिक चुका जीने का सामान हैं।
दिखावा बना देता कर्ज़दार है,
ऊँची दुकान फीका पकवान है।
दुख का कोई भी नहीं है साथी,
वक्त भी नहीं होता मेहरबान है।
भर-भर ख़ज़ाने हो रहा पागल,
दो दिन का जग में मेहमान है।
मनसीरत ज़ख्म कभी न भरते,
चोटों के शेष रहते निशान हैं।

89

मैं तुम हम थे पर वक्त न था,
मिलने को कभी अनुरक्त न था।
मिला कभी वक्त तुमको ज़रा,
दो पल मिलूं तुमसे वक्त न था।
हम हो गए थे आज़ाद वक्त से,
मिले न आप शायद वक्त न था।
मैं तुम दोनों गिरफ्त से बाहर,
व्यस्त वक्त के पास वक्त न था।
वक्त भी था और मैं तुम हम भी,
हसरतों के पास तब वक्त न था,
मनसीरत न रहे आप न रहे हम,
वक्त ही वक्त तन में रक्त न था।

विजयदशमी दशहरा पवित्र त्यौहार है,
अच्छाई के सामने हर बुराई की हार है।
रावण अहंकारी अहम में रहा डूबा सदा,
सादगी से भरपूर श्रीराम की तेज़ धार है।
दशानन को ले डुबी उसकी ही करनियाँ,
वर्ना वो महाज्ञानी जानता वेदों का सार है।
सोने की लंका का अंत देखकर लंकेश्वर,
सह न सका वो शक्तिशाली पलटवार है।
फूंकते मनसीरत पुतला सजा रावण का,
हर साल पैदा हो जाता नया अवतार है।

91

कोई शिकवा शिकायत नहीं,
कोई भी की बगावत नहीं।
नजरों से दूर रहते सदा,
मुख पर आई हिमाक़त नहीं।
खोये - खोये दिखे वो कहीं,
जारी फ़तवा हिदायत नहीं।
मौके मिलते रहे पल पहर,
दिल ने की कुछ शरारत नहीं।
छुआ ना संगमरमर बदन,
देखी उन सी शराफत नहीं।
मनसीरत देखता गाँव शहर,
उन जैसी तो लियाक़त नही।

वक्त हाथ से जब निकलता है,
आदमी रहता हाथ मसलता है।
खुद ही करता रहता नादानियाँ,
खामख्वाह औरों पर बरसता है।
कोई क्या जाने भला मजबूरियां,
सोना तपकर हो तो निखरता है।
पीठ पर खोपकर ख़ंजर हरदम,
सीना तान कर फिर गरजता है।
मनसीरत मत देख गोले आग के,
उठा धुंआ धीरे-धीरे सुलगता है।

93

जन शिक्षा मंच संघर्षशील है,
स्वीकार नहीं कोई भी ढील है।
हाकम हुआ अत्याचारी जहाँ,
होती जन गण हानि भारी वहाँ,
खोपड़ी में घोपी खूब कील है।
स्वीकार नहीं कोइ भी ढील है।
चिराग योजना का पुर्विरोध है,
सरकारी शिक्षा नीतियाँ बोझ है,
बंद करो यह सबकी अपील है।
स्वीकार नहीं कोई भी ढील है।
बंद जुबां कभी कर सकते नहीं,
मुंह पर ताला जड़ सकते नहीं,
लोकतंत्र की जड़े गहरी मील है।
स्वीकार नहीं कोई भी ढील है।
बच्चा-बूढा बैठा आ सड़क पर,
हैं तैयार हम आ कर झड़प कर,
तालीम सरंक्षण की दलील है।
स्वीकार नहीं कोई भी ढील है।
सतबीर गोयत से सरीखे ढाल है,
सुरेश द्रविड़ पर फेंका जाल है,
सरकार कर रही हमें जलील है।

स्वीकार नहीं कोई भी ढील है।
हर संगठन का सिर पर हाथ है,
हर हाल में बननी सारी बात है,
जनता चाहती नीति में तब्दील है।
स्वीकार नहीं कोई भी ढील है।
मनसीरत भी खड़ा रण मैदान में,
जान झोंक देंगे सारी हम आन में,
ज़ोर जुल्म घोर में खुद वकील है।
स्वीकार नहीं कोई भी ढील है।
जन - शिक्षा मंच संघर्षशील है।
स्वीकार नहीं कोई भी ढील है।

९४

गहरी नींद सुला दिया

सपनों को गहरी नींद सुला दिया,
तारों को महफ़िल में बुला लिया।
रात चाँदनी सितारों भरी बारात है।
चाँद सी दुल्हन से था मिला दिया।
सूर्य की गर्मी से लथपथ तन बदन,
हवा के झोंकों ने सारा सूखा दिया।
चाँदी सी चमकती ओस की बूंदें,
धरती की चादर को चमका दिया।
परियों सी शहजादी का आगमन,
कलेजे पर भारी सितम ढा दिया।
फूलों से हरी-भरी फुलवारी खिली,
महक से घर-आंगन महका दिया।
मनसीरत जुगनुओं की लोरियों से,
मधु सा मधुर शरबत पिला दिया।

95

हे! मालिक रखो हमें चरणों में,
हर पल बीते तुम्हारे चरणों में।
हम बन्दे सारे मूर्ख अज्ञानी,
तेरी लीला हमने नहीं जानी,
तन-मन सींच लो तेरे चरणों में।
हे! मालिक रखो हमें चरणों में।
जग-नभ का तो तू ही है स्वामी,
तेरे रंग की चढ़ी है सुनामी,
दीन दुखी सदा झुके चरणों में।
हे! मालिक रखो हमें चरणों मे।
दया - दृष्टि हम पर तुम रखना,
तेरे रंग का रस हमको चखना,
भक्ति - वर्षा हो तेरे चरणों में।
हे! मालिक रखो हमे चरणों में।
मनसीरत तेरे दर का सवाली,
जगत बगिया का तू ही माली,
पुष्प - बरखा हो तेरे चरणों में।
हे!मालिक रखो हमे चरणों में।
हे! मालिक रखो हमे चरणों में,
हर पल बीते तुम्हारे चरणों में।

96

गजलकार

गजलकार तो बहुत हैं जहां में,
पर जैसा कोई जगजीत नहीं।
होंठों को छू कर थी दिखाई,
देखी ऐसी कोई प्रीत नहीं।
उन्हें देखकर जो ख्याल आया
घनी जुल्फ़ों से पाया जीत नहीं।
देख कर देखता ही रह गया वो,
प्यार का लिख पाया गीत नहीं।
बात निकली जो हाथ न आई,
कोई फरियाद हुई मीत नहीं।
जगजीत तुम इतना मुस्कराए,
झुकी-झुकी है नजर शीत नहीं।
मनसीरत होश वाले हैं बेखबर,
सफ़र में हैं नशे में संगीत नहीं।

97

जमीं पर जमी है ओस की बूंदें,
निर्मल निश्छल हैं ओस की बूंदें।
नभ से गिरी हैं बनकर सी मोती,
दूषण से बड़ी दूर हैं ओस की बूंदें।
रजत की चादर बखेरी है धरा पर,
आइने सी सुथरी हैं ओस की बूंदें।
उठो बिस्तर से देख नजरें घुमाकर,
आँचल में बुलाती हैं ओस की बूंदें।
चुपके से टपकी बिना शोर-शराबे,
नितांत रोग रहित हैं ओस की बूंदें।
देखे जो उनको वो देखता ही जाए,
सौंदर्य से लुभाती हैं ओस की बूंदें।
झलक से झट झपकती हैं पलकें,
मंदिर मस्ज़िद सी हैं ओस की बूंदें।
मनसीरत मन को शांत कर देती हैं,
फ़लक़ से उतरती हैं ओस की बूंदे।

98

जिंदा हूँ यारों जी लेने दो,
जी भर के दारू पी लेने दो।
दम घुटता घुटता घुट जाता है,
मरना है जालिम पी लेने दो।
मातम में जीवन है जीना क्या,
गिनती की सांसें भी लेने दो।
जीना है तो पीना लाज़िम है,
बोतल में थोड़ी सी लेने दो।
मनसीरत आदत है भारी सी,
मुश्किल जां मेरी पी लेने दो।a

९९

दिल की हसरत पूरी होने दो,
दर पर हज़रत पूरी होने दो।
ईशारों ही इशारों में बातें,
प्यारी हरकत पूरी होने दो।
घड़ियाँ प्यारी-प्यारी आई हैं,
अब हैं फुरसत पूरी होने दो।
तीखे नैनों से दिल घायल है,
दर्शन शरबत पूरी होने दो।
फूलों सी ख़ुशबू आती रहती,
बाकी बरकत पूरी होने दो।
रोज़ाना उनसे मिलता आया,
लाज़िम कसरत पूरी होने दो।
मनसीरत तो पागल दीवाना,
जालिम नफ़रत पूरी होने दो।

100

बिटिया रानी प्यारी-प्यारी,
लाड़-लड़ाती हृदय दुलारी।
बाल ना बांका हो ना कभी,
खेले जीवन लंबी पारी,
सुंदरता की छटा-निराली।
बिटिया रानी प्यारी-प्यारी।
प्रेम करते हैं मिलकर सभी,
रंग – बिरंगी है हरी – भरी,
फूलों सी है खिलती न्यारी।
बिटिया रानी प्यारी-प्यारी।
छोटी सी चंचल मतवाली,
मीठी-मीठी मधु सी प्याली,
देख जिसे थकान भी हारी।
बिटिया रानी प्यारी-प्यारी।
आंगन सूना खाली-खाली,
दुनिया लगती काली जाली,
हरपल है बिन उसके भारी।
बिटिया रानी प्यारी-प्यारी।
छोटी जैसे नन्ही चिड़िया,
रसभरी-रसीली सी पुड़िया,
परियो सी परछाई धारी।

बिटिया रानी प्यारी-प्यारी।
माँ-बापू का है यह सपना,
गर्म हवा आये न अंगना,
बैठ पीठ पर करे सवारी।
बिटिया रानी प्यारी-प्यारी।
मनसीरत ने है खूब मनाया,
मनसीरत जन्म दिन आया,
मिठाई खाएं बारी - बारी।
बिटिया रानी प्यारी-प्यारी।
बिटिया रानी प्यारी-प्यारी,
लाड़-लड़ाती हृदय दुलारी।

4 जुलाई - मेरे जीवन का बहुत खास दिन

बिटिया रानी मनसीरत को

अवतरण दिवस की हार्दिक बधाई

9 798888 961126